RÉPONSE

AUX DÉTRACTEURS

DU 9 THERMIDOR, L'AN II,

PAR E. B. COURTOIS,

DÉPUTÉ DE L'AUBE.

A PARIS,

DE L'IMPRIMERIE NATIONALE.

FLORÉAL, AN IV.

Exquirite retrò
Crimina continui lectis annalibus aevi;
Prisca recensitis evolvite saecula fastis:
Quid senis infandi Capraeae, quid scena Neronis
Tale ferunt?

CLAUD., in Entrop., lib. II, vers. 58 et seq.

Portez vos regards en arrière; parcourez nos annales dans la série non interrompue des crimes d'un siècle entier; déroulez les fastes des temps les plus reculés: les excès de *Néron*, ceux de l'infame vieillard de Caprée, offrent-ils rien de pareil?

RÉPONSE

AUX DÉTRACTEURS

DU 9 THERMIDOR (*).

In ea civitate in qua omnia quasi ab occupantibus aguntur, quae legitimum tempus exspectant, non matura, sed sera sunt.

PLINE, liv. IV, lettre 15.

Dans une ville où il semble que tout soit fait pour le dernier qui s'en empare, on trouve que le temps d'agir est passé si l'on attend qu'il soit venu.

LE plus grand phénomène de l'an quatrième de la République ne sera peut-être pas cette ardeur, cette constance de courage des héros du Rhin, des Pyrénées

(*) Ce ne sont point les injures personnelles et gratuitement prodiguées par quelques hommes que je signale dans cette préface, qui m'ont mis la plume à la main. Le mépris le plus profond a été jusqu'ici le seul bouclier dont je me sois armé pour repousser les diatribes grossières vomies contre moi. On est si fort quand on a dit la vérité ! Aujourd'hui que les *anarchistes* et leurs partisans font une espèce de faisceau, de leurs efforts communs, pour rayer, s'il est possible, de nos fastes révolutionnaires la

et de l'Ouest, si prodigieuse cependant, qu'on chercheroit en vain tant d'héroïsme dans les fastes de tous les peuples de la terre ; mais cet endurcissement, cette *incurabilité* de scélératesse qui, pareille au ressort que presse un pied vigoureux, tend soudain à se redresser dès que la pression s'affoiblit ; mais cette ténacité, cette impudeur du crime, si contrastante avec la vertu guerrière du soldat français.

Ce sera pour la postérité une éternelle matière à méditation, un sujet intarissable d'indignation et de mépris, de lire dans nos pages cet appel à elle fait par des brigands, par des monstres que l'ivresse du sang a tellement aliénés, qu'ils osent insulter par un doute à la justice de ses arrêts, qu'ils chargent ce juge équitable de l'apothéose du crime, sur la tombe même des criminels.

Je ne ferai pas, moi, un calomnieux appel à nos descendans ; je ne crois pas la postérité à venir plus indigne que la *postérité passée* qui a jugé les *Caligula*, les *Néron*, etc. (1). La sentence de nos neveux est déja portée sur *Robespierre* et ses complices. J'en demande pardon aux *Babœuf*, aux *Antonelle*, aux *Lebois*, aux *Châles* (2) et à tant d'autres ; mais je ne les crois pas d'un plus haut poids que *Narcisse* et que *Tigellin* dans la balance de l'histoire.

Je ne ferai ni pour la postérité, ni pour ces êtres immoraux, l'apologie de la journée la plus honorable

---

journée du 9 thermidor, j'ai cru qu'il étoit de mon devoir de descendre dans l'arène pour les combattre. Je me présente donc ; mais je préviens d'avance mes lecteurs que les amis de *Robespierre* ne répondront pas plus à cet écrit qu'ils n'ont répondu au rapport des pièces trouvées chez le *héros* dont ils voudroient ressusciter la mémoire.

du lustre révolutionnaire que nous avons parcouru. Pour la postérité, l'apologie de cette journée est dans cette journée même (3); pour ces brigands, dans les attaques qu'ils lui portent. Mais le reptile laisse encore une trace humide de venin après son passage ; il faut que la flamme de la vérité sèche et consume cette trace trop glissante sous les pieds d'hommes, ou foibles, ou imprévoyans.

Le peuple ne sauroit juger (dit Harrington); *il sait sentir.* Le peuple, par exemple, ne saura pas décider quand, comment et pourquoi *le juré Antonelle, le tribun Babœuf, Lebois* et *le prêtre Châles*, sont des jongleurs ou des charlatans ; mais il le sentira, il le proclamera, et il ne sera pas trompé. Je n'entends pas, comme on le pense bien, par *peuple* (4), cette espèce inquiète, turbulente ; ces élémens alcalisés par les tempêtes révolutionnaires, qui, pareils aux insectes nés de la fange, tourbillonnent dans l'atmosphère dont ils corrompent la pureté, et ne rentrent dans leur premier élément qu'aux rayons d'un ciel serein. Je n'entends point par *peuple* tous *les grands orateurs de places*, les *boiteux de jugement*, les *pauvres d'esprit*, que le plus grand orateur *Babœuf* va chercher dans les carrefours pour les forcer d'entrer dans sa république. J'entends encore moins par *peuple* les bandes de *furies*, les scélérats et les coupe-jarrets accourus *au coup du sifflet* du tribun, pour exercer au sein des villes, sans crainte de la maréchaussée, l'honnête métier qu'ils exerçoient jadis incommodément sur les grands chemins ou dans les bois. J'entènds par *peuple*, ces classes laborieuses, industrieuses ou pensantes, ces *abeilles* actives de la grande *ruche*, trop occupées pour songer à mal, travaillant, se fatiguant sans cesse pour le bien commun, tandis que le peuple pillard *des frelons* les étourdit de ses stériles bourdonnemens. Je parle *du peuple* qui agit, non de celui qui fait du bruit ; et, pour motiver ce qu'on va lire, du *peuple* quelquefois trompé, non du *peuple* toujours trompeur.

Les anarchistes sont épuisés, car ils menacent ; ils eussent frappé déja, s'ils étoient puissans. Que je les plains ! Le juré *Antonelle* ne jouit plus qu'en idée des beaux momens de sa gloire ; il n'envoie plus les innocens à l'échafaud, il ne boit plus qu'en souvenir le sang des victimes. Le grand *niveleur Babœuf*, dont l'absence laisse un vuide sur les *trirèmes* de *Toulon* (5), désespère aujourd'hui d'inoculer dans les veines de l'ingrat Français un seul petit grain de sa république *agrairienne*. Les prêtres et diacres et sous-diacres de cette savante doctrine ont pris l'alarme. Est-il possible ! *Les élémens*, au lieu de *se confondre*, ainsi que le souhaitoit *Babœuf*, ne tendent qu'à *se réunir*, qu'à *s'accrocher*, comme les atômes d'*Epicure*. O désespoir ! les corbeaux et tous les oiseaux de proie vont émigrer de ce déplorable pays, où l'odeur du carnage et des cadavres n'attirera plus leur appétit sanguinaire. Quelle épaisseur de ténèbres va nous couvrir, quand nous n'aurons plus d'*éclaireurs !* Qui défendra encore nos droits, quand nous n'aurons plus de *tribuns?* S'il étoit un coin de terre dans la République où l'on eût encore gardé quelque goût de licence, où l'on pût de temps à autre se donner le divertissement d'une petite insurrection, où les *constitutionnels de* 95 ne voulussent point neutraliser cet exercice *du plus saint des devoirs ;* là du moins les *tribuns* et les *éclaireurs* trouveroient *la terre promise :* mais habiter une patrie toute pleine d'*esclaves de la loi*, de contre-révolutionnaires amis de la paix et de l'ordre, de gouvernés qui aimeront mieux s'entr'aider que de se déchirer l'un l'autre, de gouvernans qui chercheront à s'entendre au lieu de se dévorer; végéter sous un gouvernement où l'on ne verra plus d'*armées révolutionnaires*, de *comités révolutionnaires*, de *tribunaux révolutionnaires*, de *guillotines permanentes;* où l'on n'aura pas même un *suspect* à dénoncer; pas même, pour réconfort, le *casuel d'un scellé !* quel sort! impossible à supporter!

« En attendant l'émigration, qui sera notre dernière » ressource, essayons, a dit *Babœuf,* si nous ne pour» rions pas produire encore quelque petit soulèvement ». L'ardent *Antonelle*, aussi ferme que le sacristain *Boisrude,* a fait chorus sur ce propos, et *Châles l'éclaireur* leur a vîte offert sa *lanterne* pour *chercher des hommes.* « Adressons-nous aux morts », a repris *Babœuf.* « Oui, a dit *Antonelle*: j'ai, pour ma part, trop » bien mérité d'eux pour que, tout morts qu'ils sont, » ils me refusent quelque chose. De toutes les figures, » la *prosopopée* est la plus sûre pour l'effet; faisons » donc parler les morts ». — « Je me charge de l'invo» cation», dit l'*éclaireur.* — « Moi, de l'évocation», dit *le tribun.* Et, sur ce, *Robespierre* est évoqué des enfers..... Au Panthéon la grande ombre de *Robespierre* leur apparoît, non telle qu'ils la virent jadis, *exultante* de joie, quand, fidèles à sa voix divine, ils amonceloient autour d'elle les ruines qui faisoient le *marchepied* de son trône, ou quand le *juré Antonelle* apportoit au lever du défunt la liste des *vingt-deux ;* elle leur apparoît livide, souillée de fange, l'œil rouge de sang, la bouche torse, écumante, les joues sillonnées par les traits du désespoir, un sceptre brisé dans la main!

A ce spectacle qui eût fendu des pierres, tous les frères

panthéonistes (6) sont émus; on s'agenouille en présence du saint fantôme. Les chapeaux; je me trompe, les *bonnets rouges* sont levés; les mots *carnage*, *sang*, *mort*, *vengeance*, cet *a b c* de l'idiôme jacobite, est répété, crié, hurlé de proche en proche par la *huaille.* Un beau frère, à tresses presque blondes, jadis l'Adonis des *princesses*, aujourd'hui la coqueluche des *tricoteuses* de tribune, se lève : il est le plus furieux de tous. « Bien que tu m'aies laissé chasser de ton temple » comme un impur (7), s'écrie-t il, grand Robespierre, » je te promets en vingt-quatre heures plus de cent » mille hécatombes. Les scélérats! ne m'ont-ils pas ou- » trageusement blessé comme toi? ils ont *dédivinisé* » mon frère! mon propre sang! Du haut de l'olympe » ils l'ont précipité dans un cimetière.... auprès d'un » modéré peut-être!.... » Et les sanglots, à ce souvenir, d'étouffer la voix du beau *Félix.*

Tous les frères, pleins de sa douleur et du dieu qui les possède, répètent cette imprécation : « Hommage » dans les siècles des siècles à l'ombre auguste! *Res-* » *pect au pillage! mort aux gouvernans! haine aux* » *propriétés!* »

Après ce serment digne des *jureurs*, on se sépare, en ajournant au lendemain les moyens d'exécution.

Tel est en substance le récit fidèle du dernier *sabbat panthéonique*, que je tiens de la bouche même d'un frère; récit que *le tribun* et *l'éclaireur* me sauront gré, peut-être, d'avoir fait passer à la postérité, qui doit les juger, à ce qu'ils disent, eux et leur patron.

Malheureusement le génie *contre-révolutionnaire* du gouvernement fit barrer le lendemain les portes du temple; et force fut aux adorateurs et *au dieu* de n'y plus brûler, de n'y plus respirer l'encens.

L'antre de *Janus* est fermé encore une fois dans l'intérieur ; et le peuple, ce peuple ingrat qui devoit tant se *remuer*, n'a pas *bougé* depuis pour qu'il fût rouvert. C'est que le peuple n'a pas encore appris, comme *Babœuf*, que le meilleur des gouvernemens possibles est celui *où tous les élémens se confondent* ; ou qu'il ne croit pas, comme *Antonelle*, qu'il n'est point de république sans tribunal révolutionnaire, et qu'un poste de *juré* à ce tribunal soit le plus haut degré des grandeurs humaines. C'est que le peuple est un enfant qui ne croit pas à l'expérience des autres, mais qui croit à la sienne et qui y croit bien ; et que son expérience lui a répété quelquefois, depuis cinq ans, que le pays où l'on *insurge* n'est pas le pays de la terre le plus heureux. C'est qu'il n'est pas aussi fermement convaincu que ses *éclaireurs*, que le 9 *thermidor*, déclaré par eux *exécrable*, soit une journée si désastreuse ; qu'il regarde ce jour au contraire comme un jour vraiment *sauveur* ; et que, s'il en est un plus beau à ses yeux, plus digne d'être célébré, c'est celui où le couteau de la loi a tranché des existences qui alloient consommer sa perte. C'est que ce *peuple*, qui raisonne en *peuple* (8), et nullement comme les apôtres des *Pache*, des *Momoro*, des *Hébert* (9), des *Chaumette*, etc., ne sait pas faire, ainsi que tous ces grands hommes, de beaux argumens *à priori* contre le précepte du *tien* et du *mien* ; et que telles bonnes gens qui, au prix de cinquante années de travaux, de fatigues et de sueurs, ont amassé ce que, dans leur *langage d'esclaves*, ils appellent une petite propriété, soulagement de leur vieillesse, héritage de leurs descendans ; c'est que ces bonnes gens, dis-je, ne peuvent pas se mettre en tête qu'ils en doivent compte à *Babœuf*, ou à *Châles*, ou à *Lebois*, etc., qui regardent comme au-dessous d'eux ce travail, quoiqu'ils ne regardent pas comme au-dessous d'eux la fortune, et qui trouvent plus court de ravir ce qui est acquis, que de l'acquérir.

Le lecteur n'oubliera pas que le *peuple* dont je parle, n'est pas le *peuple* d'*Antonelle*, de *Lebois* et de *Babœuf*. Le mien n'est pas le *peuple* qui *pille*, mais le *peuple* qui *gagne*. Le mien a quelque chose à risquer, ne fût-ce que sa propre estime : il y a long-temps, à cet égard, que le *peuple* de ces grands hommes, et ces grands hommes eux-mêmes, n'ont rien à perdre.

J'ai lu dans un grand livre, que sûrement le docteur Babœuf a lu comme moi, que *Cartouche* aussi eut un *peuple*; peuple agissant, peuple *niveleur*, s'il en fut; presque aussi fou qu'*Antonelle* de la *démocratie-pure*, et courant sur les grandes routes, pour convertir au dogme de la *communauté* des biens les coches et les diligences garnis de *propriétaires*. Malheureusement ces derniers, endurcis dans le péché de la jouissance, arrêtèrent le cours de cette salutaire propagande, et dressèrent des gibets aux convertisseurs : ce qui, comme chacun voit, retarda pour nous les progrès de la raison humaine, que nos *éclaireurs* voudroient hâter pour en dérober l'honneur à leurs descendans.

Cette catastrophe de leurs devanciers pourroit, sans doute, effrayer le zèle de nos *tribuns*; mais la peur n'a point d'empire sur les ames dévorées de l'amour du *bien public* et *particulier*.

Après avoir cité *Cartouche*, nous citerons, sans comparaison, *Robespierre*, qui eut un *peuple*; *Ronsin*, qui eut un *peuple armé*; il n'est pas jusqu'au *prêtre Jacques Roux* (10), qui, comme le *prêtre Châles*, ne se vantât d'avoir aussi son *peuple à lui*; et cependant, rappelez-vous leur sort à tous, *braves gens*, et tirez la conséquence.

Je sais que vous nous promettez, pour notre plus grand bien, de belles et longues révolutions. Vous concluez que ce qui a été ne sera plus, par la raison que cela a été, ou que cela est; que le peuple sortira, à votre voix, de sa léthargie; que vous serez, vous, les guérisseurs de la taie universelle; que l'ordre, les lois, la justice, le droit de propriété, la garantie des personnes, toutes ces institutions d'*aristocratie superlative*, ne dureront pas; que *les élémens*, pour s'épurer, se confondront; qu'alors le peuple sera heureux : car vous le gouvernerez; car il faut que vous le gouverniez pour qu'il soit heureux; car vous êtes les seuls sur la terre qui sachiez bien gouverner le peuple.

Ah! ce seroit vraiment alors que vous auriez été prophètes, et que tous *les élémens* seroient en effet *confondus*.

Mais *Robespierre*, et *Chaumette*, et *Hébert*, et *Jacques Roux*, qui vous ont légué leurs manteaux et sans doute leur génie, nous flattoient du même avenir, nous promettoient dans ce monde la béatitude de l'autre vie.... et cependant le *peuple*, votre *peuple* même, *alloit à la queue* (11)! et votre *dieu Maximilien* vous avoit si peu *béatifiés* vous-mêmes, qu'avant *thermidor* vous commenciez d'abjurer son culte (12). Je sais bien que vous aviez alors un inappréciable dédommagement que vous n'avez plus aujourd'hui : je veux dire le spectacle des échafauds *ambulans* et *permanens*. Je sais que vous pouviez aspirer au grade de *porte-enseignes*, ou de lieutenans, ou d'officiers même, dans cette brillante armée de *taxateurs*, qui parcouroit nos campagnes *la corne d'abondance à la main ;* que vous eussiez pu, avec le temps, fonder une république à la *Norcia* (13), où c'est être inhabile aux emplois civils et militaires que de savoir lire ; qu'alors vous eussiez été promus *d'emblée* aux premières charges de l'État. Mais si tout cela étoit pour le plus grand bien du peuple et pour votre plus grand bien, pourquoi donc avoir *renié* depuis, comme *Céphas, le nouveau sauveur du monde*? Un peu de conséquence, s'il est possible, *braves gens.* Votre langage de l'*an* 4 n'est pas votre langage de l'*an* 5. J'ai entendu tels de vous et de vos *pareils* célébrer et *porter aux nues cette journée du* 9 *thermidor* (14), qui ne pouvoit pas plus être illustrée par vos éloges, qu'elle n'a pu être depuis avilie par vos injures. Que dis-je ? je vous ai vus courir dans l'arène, et rompre des lances en faveur de quelques hommes qui avoient coopéré à cette journée. N'avez-vous pas, vos pareils et vous, lutté corps à corps avec *les thermidoriens*, pour sauver de la mort *Carrier* et *Lebon*; pour sauver de l'exil *Collot*, *Billaud*, *Barère* et *Vadier*, auxquels vous faisiez alors un titre d'excuse et de gloire des coups portés par eux sur votre idole (15)? et n'avez-vous pas enfin depuis formé un saint pacte avec *Amar*, *Vadier*, *Vouland*, *Élie Lacoste*, et autres tous ci-devant *tueurs* ou *avilisseurs* de votre divinité ?

Comment donc ? ce *Robespierre que les siècles apprécieront*, et déja si bien *apprécié* par vous, que vous lui dressez des autels, après avoir applaudi à ceux qui lui dressoient des échafauds, ce *Robespierre* fut, selon vous, une victime, et vous pactisez avec ses bourreaux ! Mais s'il fut une victime, que furent donc vos amis, les siens même, qu'il a égorgés ? Que furent ces vieux, ces sincères patriotes dont le sang, au gré de ses caprices meurtriers, couloit sous le même fer, se confondoit dans la même tombe, avec celui des aristocrates? car vous ne pouvez nier que la fatale *bière des vivans* ne voiturât, presque tous les jours, l'aristocrate et le républicain, étonnés de mourir ensemble. *Vergniaux*, *Ducos*, *Danton*, *Camille Desmoulins*, *Phelippeaux*, etc., ne furent point des *royalistes*, que je crois. Votre *Hébert*, dont vous ressuscitez la doctrine, est-il à vos yeux un royaliste? Si donc les uns ont été, si les autres sont crus par vous patriotes, pourquoi *Robespierre* fut-il leur ennemi? Si Robespierre fut l'ennemi des patriotes, pourquoi vous faites-vous les panégyristes de *Robespierre*? Vous me feriez croire que votre logique n'est qu'une logique de circonstances, et non celle de votre esprit; ou que votre esprit n'a de logique qu'au gré de votre intérêt : car, vivant de la terreur comme *Mathan* vivoit de l'autel, il est tout simple que vous regrettiez ce qui vous faisoit vivre, et, par suite, le plus ferme appui du régime par qui vous viviez. Et comment expliquer vos inexplicables palinodies, si ce n'est de cette manière : Que vous n'aviez pas cru d'abord que la terreur dût être étouffée sous la chûte de *Robespierre*, puisqu'il restoit encore après lui, dans les *Collot*, *Billaud* et autres, quelques *étais* propres à la raffermir, mais que vous étant apperçus, depuis, qu'il l'avoit enfermée dans sa tombe, et qu'il n'y avoit pas de moyens de la ressusciter sans ressusciter sa mémoire, ni d'honorer l'une sans honorer l'autre, pressés par la nécessité comme *Philoctète*, vous avez frappé du pied la terre qui couvroit les cendres de votre *Alcide*, pour le livrer à l'adoration des Grecs aveugles.

Voilà l'état vrai de votre ame.

Au fait, que vous en a-t-il coûté ? vous avez effrontément donné un démenti à votre première opinion : mais de grands politiques comme vous ne sont pas à cela près. Aujourd'hui que vous voilà bien amendés, vous affirmeriez que la scélératesse est une vertu (16), plutôt que de convenir que *Robespierre* fut un scélérat. *Nabis*, *Caligula*, *Néron*, *Vitellius*, *Commode*, etc., ont eu leurs panégyristes (17). Les mémoires de la régence de *Marie de Médicis* ont fêté *le maréchal d'Ancre*. Pourquoi *Robespierre* ne seroit-il point fêté dans les quotidiennes de *Babœuf*, de *Lebois*, de *Châles*, etc.? La saint Barthélemy n'eut-elle point ses prôneurs (18)? Pourquoi le 2 *septembre* n'auroit-il pas aussi les siens ?

On peut approuver tout, blâmer tout, chacun selon son jugement, sa conscience, son optique.

Tant que les jacobins dans le 9 *thermidor* n'ont vu que la chûte d'un homme, ou de dix, ou de vingt, qu'ils n'ont vu qu'une révolution dans les personnes, non dans les institutions ; qu'ils ont cru que le glaive en permanence ne feroit que changer de main, et qu'ils en seroient toujours, eux, les instrumens ou les ministres, alors ils ont mêlé leurs voix à celles de la France entière (19) pour chanter le 9 *thermidor ;* ils ont proclamé glorieuse, immortelle, cette journée : *Robespierre* n'étoit plus que le *tyran*, *Saint-Just* et *Couthon* les *duumvirs ;* c'étoient trois misérables conspirateurs que *Saint-Just*, *Couthon*, *Robespierre*. Mais au réveil, mais revenus du songe trompeur qui les berçoit, quand ils ont vu la sonde du législateur dans toutes les plaies qu'ils avoient faites, les comités *révolutionnaires* éliminés, l'ignorance en fuite, cette précieuse ignorance qui en deux ans avoit fait en France plus de barbares que des siècles de lumières n'en avoient policés; qu'ils ont vu les échafauds brisés, leur antre fermé; c'est alors qu'ils ont crié vengeance! Alors ils auroient bien voulu rendre l'*honneur* à ceux qu'ils avoient méprisés vivans, morts qu'ils avoient insultés. Insensés, qui ne s'appercevoient pas qu'il eût été plutôt en leur pouvoir de ressusciter la personne des conspirateurs, que le cadavre de leur gloire!

J'entends tous les *exclusifs* (20) jeter les hauts cris! J'ai donc vraiment touché la corde. Ils ont une habitude d'*obstination* que j'appellerai comme eux, par politesse, du *caractère*, qui ne leur permet jamais que d'avoir raison. Or, comme tout ce qu'on fait *conséquemment* a son motif, ou, si l'on veut, son excuse, et qu'il est démontré, par ce qu'on vient de lire, combien les *exclusifs* sont *conséquens*, ils aimeront mieux chercher et trouver cette excuse dans une cause qui leur sera en apparence plus étrangère que celle de leur intérêt personnel; car les *exclusifs* sont tellement *désintéressés*, qu'ils ne peuvent souffrir auprès d'eux de concurrent dans l'amour de la république, et qu'en prêchant la communauté de biens, ils n'aiment point la communauté de patriotisme (21). Quelle sera donc leur excuse?......... *La réaction de thermidor*. Nous sommes tous des *réacteurs* : ces *infâmes thermidoriens* (22) ont fait une *réaction* pour *renverser les échafauds;* eux en voudroient une pour les *relever*. Cette *réaction* étoit déja opérée après le supplice de *Robespierre* dans la journée *du* 10. C'est de cette réaction dont alors ils faisoient l'éloge, qu'ils font aujourd'hui la satyre. Je sais qu'après ces jours de gloire, le ressort du gouvernement, devenu mou et sans vigueur, s'est entièrement détendu; que, pareil à un athlète qui sort d'une pénible lutte, le gouvernement s'est endormi ; qu'une autre espèce d'excès a succédé à la première, et que l'anarchie a menacé de disloquer les membres du corps politique, que dévoroit, quelques mois avant, le despotisme. *Athènes* éprouva la même crise après la mort de *Dracon* (23). *Les thermidoriens d'Athènes*, qui pourtant n'avoient pas tué de tyran, car *Dracon* n'en étoit pas un, séduits d'un côté par les chants doucereux des *sirènes* déguisées du *royalisme*, effrayés de l'autre par l'audace toujours renaissante des héritiers du *draconisme*, plus près des excès de rigueur dont ils sortoient, que de ceux de l'indulgence dont ils ne voyoient pas les suites, devinrent *mous*, dans la crainte d'être *sévères*, et, de peur d'être *tyrans* des gouvernés, gouvernans *esclaves*. Qu'en conclure, si ce n'est que le sénat français, comme le sénat d'Athènes, en butte aux vents opposés des partis, a été, par la violence de l'ouragan, forcé à jeter l'ancre et à *stationner* sur *un écueil?* Qu'en conclure sans métaphore ? C'est que l'atroce opiniâtreté des *exclusifs* à soutenir les grosses colonnes de l'édifice révolutionnaire, les *Collot*, les *Billaud* les *Barère*, les *Vadier*, les *Carrier*, les *Maignet*, les *Lebon*, etc., a seule causé la réaction dont ils se plaignent ; que leur audace à conspirer, sans cesse enchaînée et sans cesse renaissante, éveillant, concentrant sur leurs mouvemens anarchiques tous les yeux de la Convention, dut naturellement les détourner des trames du royalisme, toujours habile à profiter des distractions du gouvernement ; que ce sont eux-mêmes qui, en *réagissant* contre le gouvernement, l'ont forcé à *réagir* contre eux ; qu'ils ont attiré sur eux une force de compression qui, ne pesant plus sur l'autre parti, lui a donné, et plus de liberté, et plus de de ressort : je dirois presque que les journées de *prairial* (24) ont enfanté celles de *vendémiaire* (25) ; que ce sont en conséquence les *exclusifs* qui sont les vrais *réacteurs*.

Que si la Convention, après *thermidor*, fidèle aux erremens de *Robespierre*, eût entretenu *le feu sacré* de ses *salutaires* institutions ; qu'elle n'eût point, en fermant les comités révolutionnaires, coupé les vivres aux jacobins ; qu'elle eût maintenu, pour la plus grande prospérité de l'empire, et les *armées révolutionnaires*, et les *tribunaux révolutionnaires*, et les *guillotines ambulantes*, et les *commissions populaires*, et les *sociétés populaires*, et toute la sainte *législation* du grand *Maximilien*, réduite à cette maxime de l'Ecriture : *Défaisons-nous du juste, car il nous gêne*; alors, bonnes gens, les jacobins eussent continué de fêter *thermidor*, de fêter la Convention, qui *abattoit les tyrans* et qui *n'abattoit point la tyrannie*; alors il n'y eût point eu de réaction en effet, pas plus qu'il n'y en peut avoir entre un troupeau de *moutons* qui est *dévoré*, et un troupeau de *loups* qui *dévore*; alors la *colombe* (26) *Antonelle* n'eût point été réduite à *roucouler* de vains regrets sur la perte du *bien-aimé*. *Babœuf*, au risque de subir le sort du prophète *Michée*, colaphisé et jeté dans un cul de basse-fosse pour ses prophéties, ou du prophète *Savonarola*, cuit à *Florence*, ne se seroit pas occupé à nous chercher *trente-six infortunes* dans les *sibyllins* de *Matthieu Lansberg*. *Babœuf* feroit de belles dissertations contre la propriété ; il verseroit sur nous en toute joie et liberté le *poculum aureum plenum abominationum* de l'Apocalypse, et *Antonette* seroit l'*aigle* du *jury révolutionnaire*. On ne nous auroit pas demandé de *consti-*

tution de 93, ce chef-d'œuvre de combinaisons anarchiques, qui est ce qu'il y a de mieux en *constitutions*, après le *gouvernement révolutionnaire* et la *dictature*, au rapport des illuminés ; mais on auroit continué de vivre *révolutionnairement*, en *dénonçant*, *pillant*, *guillotinant*, *fusillant*, *mitraillant*, *noyant*, pour la plus grande gloire de la République et le plus grand bonheur du peuple, jusqu'à ce que de nouveaux *exclusifs*, plus *exclusifs* que *Babœuf* et l'*abbé Châles*, eussent dévoré ces derniers, comme jadis les *exclusifs Hébert*, *Ronsin* et *Momoro*, furent dévorés par le plus grand *exclusif Robespierre* (27).

Mais la Convention, loin de cela, armée du *quos ego* de *Neptune*, a voulu frapper les vagues mutines, enchaîner la tourmente : telle que l'*Esculape* des anciens, la Convention, en arrachant tous ces appareils corrosifs de charlatans, sous qui se rongeoient et se carioient les ossemens du corps politique, a voulu verser dans ses plaies le baume bienfaisant et salutaire de la santé ; et une heureuse convalescence, un rétablissement entier, eût suivi déja ses remèdes, si les *empiriques* n'en eussent contrarié l'effet en aigrissant un peuple malade, prompt à devenir injuste, parce qu'il est souffrant.

Voilà ce que tous ces *missionnaires de la mort* ne peuvent pardonner à la Convention, d'avoir voulu rendre à la vie une nation entière de mourans dont, avant le dernier soupir, ils dévoroient l'héritage ; voilà pourquoi ils exècrent, ils maudissent le 9 *thermidor*, qui a arrêté le cours des essais homicides qu'ils faisoient sur leurs semblables ; voilà pourquoi ils rappellent, du ton des voleurs que la *maréchaussée* dépouille, cet heureux gouvernement où ils pouvoient tondre et tailler, comme un troupeau, l'espèce humaine ; où l'art d'exercer sur elle le *scalpel révolutionnaire* étoit le plus beau des arts.

Car, tout sincères croyans que nous sommes aux immortelles paroles du *tribun Babœuf*, et du *juré Antonelle*, et *du grand pontife Châles*, nous avons mis le doigt trop avant *dans le trou des plaies* de leur conscience, pour ignorer ce qui les blesse. Or, ce qui les blesse, nous l'avons dit, c'est de ce qu'ils ne peuvent plus blesser personne. Pauvres abeilles sans aiguillons, ils ont emprunté contre les vivans les flèches des morts ! Le grand *sagittaire Robespierre* a été évoqué par eux : ressource inutile ! l'arc de *Robespierre*, foible et sans vigueur, s'est encore plus détendu entre leurs mains. Inhabiles eux-mêmes à lancer le trait, ils ont, comme on l'a vu, vanté l'adresse du petit *David* des *Goliath* (28) de la révolution. On n'a remarqué qu'à peine la contradiction qui existoit entre l'apologie et la critique antérieure à l'apologie ; cette contradiction étoit toute simple dans *Châles, Antonelle* et *Babœuf* : mais on a remarqué, je ne sais pourquoi, la mauvaise foi de cette apologie, mauvaise foi qui chez eux devoit paroître aussi simple pour le moins que l'inconséquence.

Est-il possible, disoit-on, qu'ils regardent comme un grand homme ce *Robespierre*, qui tout semblable à certain *Italien*, passoit de *la langue à la plume, de la plume au fer, de l'encre au sang* (29)? C'est précisément pour cette ressemblance qu'il devroit l'être à leurs yeux, mes amis. Mais il ne s'agit pas de ce qu'est *Robespierre*, mais de ce qu'il faut qu'il soit pour leurs desseins : il ne s'agit pas de ce qu'ils croient, mais de ce qu'ils veulent faire croire. Or, un député *grand orateur* et le *vertueux Vadier*, il y a deux ans, ont déclaré le règne de *Robespierre tyrannique*; et nous les avons crus; et nous avons bien fait de les croire; et nous devons les croire aujourd'hui, qu'ils nous assurent le contraire, parce que nous avons pour garans les soixante ans de vertu de l'un et l'éloquence de l'autre; et que s'ils ne se sont pas trompés il y a deux ans, il n'y a pas de raison pour qu'ils se trompent aujourd'hui: car tous deux sont conséquens; car il faut que nous sachions que le règne de *Robespierre* ne fut point *tyrannique* par rapport aux *institutions de ce règne*, mais par rapport à sa personne; et que si nous eussions eu à la place de *Robespierre* ou *Vadier le vertueux*, ou quelques autres compagnons d'armes de même force, nous eussions trouvé dans ces mêmes *institutions* qui font l'objet de nos plaintes, *le plus doux des gouvernèmens.*

Vous voyez qu'avec un peu de logique on arrange tout.

Que *Babœuf*, *Antonelle*, et *Châles*, et *Lebois*, s'égosillent donc à crier : *Psaphon est un dieu!* s'en scandalise qui voudra. Les grands hommes, comme les dieux, ont été communs dans tous les temps. Et depuis certains Éphésiens dont j'ai oublié le nom, jusqu'au *marchand de fourneaux Duchesne*, depuis frère *Ignace de Loyola* jusqu'à *l'abbé Châles*, depuis le plus petit des *Gracques* jusqu'à *Babœuf*, depuis le *juré Anytus* jusqu'au juré *Antonelle*, les grands hommes n'ont-ils pas crû et pullulé comme l'herbe dans le champ des révolutions? *Homère* n'a-t-il pas surnommé le *bouvier d'Ulysse* le *bouvier divin*? L'Indien ne s'agenouille-t-il pas devant le *prince des démons*? Il n'est pas jusqu'aux *crottes* du grand *Lama*, que les *exclusifs* de l'Inde ne regardent comme sacrées. *Marat*, en France, eut des autels; *Néron*, à Rome, en eut aussi (30). Mais l'histoire impartiale traînera *aux Gémonies* la mémoire de *Robespierre* et de *Marat*, comme elle y a traîné celle du bourreau de *Thraséas*.

Si l'idolâtrie d'un siècle n'est point un contrat qui lie le siècle suivant, l'idolâtrie de quelques hommes rendra-t-elle, avec eux, la postérité solidaire? Nos neveux, après nous, sont *émancipés* de droit. Que *Proculus* (31) *Antonelle* épuise le réservoir de ses larmes sur la tombe du *Néron* français. *Proculus* pleure, et la postérité rira des larmes de *Proculus*. A Rome, après la mort de *Caligula*, *l'exécuteur des hautes-œuvres*, tremblant de voir appauvrir son *fisc*, grossi des dépouilles des suppliciés, ne prit-il pas le deuil, et ne courut-il pas dans la voie *appienne* et dans toutes les voies de Rome, comme *Babœuf* dans nos carrefours, criant que *Caligula* étoit un grand homme? La postérité a-t-elle partagé ses regrets ou ratifié ses éloges?

Quoi qu'en dise un historien (32), *qu'il est aussi peu de grands crimes poussés jusqu'au bout*, *que de vertus héroïques*, certes, il n'est pas rare de rencontrer, dans l'histoire, de ces scélérats à *larges traits*, qui commandent l'admiration, entre lesquels et les véritables grands hommes il n'est d'autre différence que celle d'une *ligne droite* à une *ligne courbe*, toutes deux d'égale projection, à degrés égaux toutes deux. *Robespierre* sera-t-il cet homme à *face large*, aux *latos humeros de Virgile* (33)?

C'est peu d'être un conspirateur, si l'on n'a la tête du *Jupiter* de la fable; si l'on ne peut, d'un seul coup-d'œil, faire lever *en masse* (34) les cent mille bras de *Briarée* (35). Le *vivandier Mazaniello* (36) dictant des lois au viceroi de Naples, appaisant d'un geste les flots mutinés de la multitude, est tout près d'être un héros, quand le *dieu* de *Babœuf* et de *Châles*, etc., osant à peine disputer sa tête à la *commune*, n'est pas même un homme (37). La lâcheté, l'hypocrisie, la trahison (38), voilà ses titres à leurs hommages. Qui ne sait, comme *Cromwel*, être politique et guerrier, doit au moins savoir, comme *Octave*, distinguer un *Agrippa*, et refouler un *Hanriot* (39) dans la bassesse de sa fange.

Que conclure des éloges prodigués à *Robespierre* par *Châles*, *Lebois*, *Antonelle* et *Babœuf*? Qu'ils ont dû louer ce *tyran*, par cela même qu'*Aristote* ne permettoit point *aux impurs et aux mauvais sujets de louer Platon.* Que conclure du déchaînement de ces furieux contre *thermidor*? Qu'ils doivent *maudire* cette journée, par la même raison qui leur fait bénir *Robespierre*, et qui fit jadis pleurer les *Sporus*, les *Tigellins*, les *Anicet*, sur la tombe du parricide et incendiaire *Domitius.*

Au surplus, dans les révolutions, qui ne sont que des orages, nous trouvons ce côté de consolation, que si, tandis qu'elles grondent, les poisons que la terre exhale étouffent l'air un moment, il ne faut qu'un rayon de soleil pour les dissiper et les dissoudre. L'absence du gouvernement, durant la révolution, est pour la République ce qu'est, durant l'orage, l'absence du soleil pour la terre. Mais que le gouvernement sorte des nuages, qu'il se montre; l'anarchie, vapeur contagieuse née du bouillonnement et du trouble des esprits, s'affaisse, tombe et se dévore elle-même.

Anti-thermidoriens, *septembriphiles*, *apollonistes*, *assassins royalistes*, *jésuites*, *cordelico-jacobins*, anarchistes de toutes les sectes, de toutes les tailles, de toutes les formes, de toutes les couleurs, de toutes les livrées, dévots à *Robespierre*, au *soleil*, à *Jésus* (40), mettez-la bien à profit, votre dernière heure : un gouvernement vous surveille (41); il sera ce que fut jadis la *massue d'Hercule* placée à la porte du *temple* (42) pour écarter tous les animaux malfaisans, tous les insectes. Monstres tout couverts du sang des patriotes, monstres mal déguisés sous les *banderoles tricolores* que vous avez dérobées, mais dont vous serez dépouillés, *Achard*, *Moureau*, *Trinchard*, *Vadier*, *Vouland*, *Barère*, *Maignet*, etc. ; et vous aussi, *tribun Babœuf*, *juré Antonelle*, *éclaireur Châles*, vous tous qui vous croyez invulnérables sous l'égide de l'*amnistie* ; *factieux incorrigibles*, qui pensez que la clémence qui vous laisse le droit de vivre, vous laisse le droit de conspirer; au milieu des rugissemens de votre agonie, vomissez vos dernières imprécations : *titans impuissans*, redressez-vous sous *Pélion* et sous *Ossa*, *Ossa* et *Pélion* vous écrasent.

POST-SCRIPTUM.

On imprimoit les dernières pages de cet écrit à l'heure où, dans le conseil des Cinq-cents, se forgeoit la foudre qui a dévoré les espérances des rebelles. Je dénonçois donc à l'opinion ceux que le législateur vient de dénoncer à la justice. Usant de toute la puissance de ma plume, je prêchois ainsi, d'exemple, le gouvernement, pour qu'il s'armât de la toute puissance de la loi contre un ramas de brigands, forts quand le gouvernement est foible, audacieux quand il est timide (44) ; qui déja, aiguisant leurs poignards sanglans, leurs dents homicides, s'encourageoient l'un l'autre au carnage, se partageoient déja, comme une proie, les propriétés des citoyens, et assassinoient le peuple au nom du peuple (45). Si cet écrit publié après la loi, perd quelque chose de son utilité, je m'en console, puisque son but fut de provoquer cette loi, et que le but est rempli. Il n'en sera pas moins, aux yeux des bons citoyens, une preuve de mon dévouement au bonheur de mon pays. Il me vaudra quelques injures, quelques menaces nouvelles de la part des *intéressés*, des *coupe-têtes*, qui, ces jours derniers, m'accordoient l'honneur d'une sorte de *priorité* dans l'exercice prochain qu'ils comptoient faire de l'art du nivellement des personnes : tant mieux. Les pauvres gens ! s'ils savoient que le mépris qu'ils m'inspirent, est en raison de la haine qu'ils me portent ! Ma mission, depuis *thermidor*, fut d'attaquer les assassins et les ennemis de la patrie : je la remplirai jusqu'au bout. Moi qui, avec les *thermidoriens*, ai fait mordre la poussière aux chefs, tremblerai-je devant les lieutenans et les valets ? que ceux-ci reçoivent de moi pourtant ce bon conseil en finissant : c'est de ne point (comme ils l'ont dit imprudemment) *ajourner* leurs projets,.... de peur d'*ajourner* leur supplice, et je dirai au *brave Babœuf*, comme le père *Nicodême* à *Jeannot* son cher enfant,

Convertis-toi, *Jeannot*, et deviens honnête homme.

NOTES.

(1) *Caïus Fannius* avoit publié un recueil des cruautés de *Néron*, divisé en trois livres. Cet ouvrage, fait avec l'exactitude la plus scrupuleuse, contenoit des vérités bien propres à perpétuer l'odieux attaché à la mémoire du tyran : c'étoit autant de charbons ardens amassés sur la tête de ceux qui auroient été tentés de l'imiter. Les philosophes regretteront toujours la perte de ce précieux *Néroniana*.

(2) On trouvera dans la partie anecdotique qui doit terminer le rapport du 9 thermidor, article *Lebas*, une lettre extrêmement curieuse que ce dernier écrivoit à *Robespierre*, pour l'instruire de la manière dont *M. l'abbé Châles* faisoit des prosélytes à la révolution. En attendant cette lettre, il est bon d'apprendre à la France entière que l'abbé Châles (par la protection de l'évêque d'Arras, Degonziers), dans un conseil secret tenu dans le temps à Versailles fut choisi pour être le rédacteur du mémoire apologétique de la conduite du *fameux prince Lambesc*, lorsqu'il pénétra à main armée dans les Tuileries, et qu'il y sabra si inhumainement un honnéte vieillard qui se mit à genoux pour implorer sa pitié. Qu'il convienne au moins, ce M. Châles, que s'il aimoit à cette époque le peuple, dont il cherchoit à flétrir la cause dans une journal aristocratique, il étoit aussi le très-humble valet des Princes qui vouloient bien payer sa plume vénale. Je citerai aux anecdotes plusieurs autres traits de l'amour de M. Châles pour la révolution française.

(3) La postérité, ce grand jury des réputations, comme des événemens, a déja mis *Robespierre* à sa place. Je la lui assigne, *moi*, à côté des *Rufin*, des *Eutrope*, et de tous les scélérats politiques du troisième ordre, que la disette de ressorts puissans a précipités du sommet des grandeurs, où l'idolâtrie du peuple, dupe de leurs fausses vertus plutôt que leurs talens, les avoit élevés. *Fréron* disoit de lui *qu'il avoit déshonoré la terreur*. Ce mot, à mon avis, renferme un très-grand sens : l'obligation que les tyrans à venir auront à sa mémoire sera telle, que l'impossibilité de devenir plus coupables atténuera, s'il est possible, l'infamie qu'ils auroient

encourue, si *Robespierre* et quelques-uns de ses agens n'avoient pas existé.

(4) Ce n'est pas dans la seule inconstance du peuple qu'il faut chercher les principes et les ressorts des révolutions. Quelque muable qu'il soit, il se tiendra *coi* si quelque force extérieure ne l'agite; si ses *tribuns*, si ses *démagogues* ne le remuent pas par l'activité de leurs intrigues ambitieuses. Il ressemble aux eaux de la mer, ordinairement tranquilles, pourvu que les vents ne soufflent pas; et si, à l'exemple de certains endroits de la mer, où, sans l'aide des vents, la fermentation d'une matière souterraine produit quelquefois une espèce de tourmente, il se mutine de lui-même, *ce n'est qu'un feu de paille*, lorsque *des personnes d'importance* ne s'érigent point en chefs de parti. (Cette note est tirée du Dictionnaire de Bayle).

(5) Le docteur Babœuf a été condamné à la peine des galères, pour crime de faux matériel bien prouvé. On n'en parle que d'après la lecture des pièces du procès. Il ne sera pas inutile de dire que ce démagogue si intéressant pour les exclusifs, étoit secrétaire de cette noblesse protestante de Picardie, qui soutint l'échafaudage de ses petits priviléges contre les décrets de l'Assemblée constituante.

(6) Je sais que l'on abuse de tout. L'incorrigible royaliste se réjouit de voir consacrer, parmi les expressions que répètent le mépris et l'exécration, l'épithète de *panthéonistes* donnée à ce ramas d'intrigans qui s'assembloient chez un restaurateur près du temple où reposent les cendres de nos grands hommes : ils espèrent faire confondre ces êtres respectés avec ceux qu'a si facilement dispersés le souffle de l'autorité; mais leur joie sera aussi passagère que l'a été l'espérance de ces jacobins renaissans, et jamais on ne confondra les PANTHÉONISÉS avec les *panthéonistes*.

(7) *Robespierre* chassa des *jacobins* tous les nobles.

J'en demande pardon aux patriotes, et en particulier à l'ombre de *Michel Lepeletier*, dont je respecte la mémoire, si je suis forcé de parler des principes anarchiques de son frère, qui, au commencement de la révolution, étoit si loin de porter les couleurs de *Lebois* et de *Babœuf*! à moins qu'on ne convienne que *la constitution de 93, d'une part, et l'émigration, de l'autre, ne soient justement des extrémités qui se touchent.*

Plus d'un député se souviendra de la franchise avec laquelle le représentant du peuple *Maure* s'exprimoit sur le *patriotisme de Félix Lepeletier*, que son frère, disoit-il, avoit détourné du dessein qu'il avoit d'émigrer *par haine de la révolution*. Ce ne fut qu'après les instances les plus pressantes et les plus *grands sacrifices* que Michel Lepeletier parvint à l'en empêcher.

Félix Lepcletier a juré solemnellement au Panthéon de venger la mort de *Robespierre*.

On a les plus violens soupçons que c'est aux frais et sous les auspices de ce *grand patriote* que se distribuent *gratis* les feuilles de *Lebois*, *Crâtes* et *Babœuf*. C'est faire un bien mauvais emploi de sa fortune !

(8) Dans le cours de germinal de cette année (an 4e) le fer de la loi fit tomber les têtes coupables de trois assassins qui avoient massacré deux individus à *Antoni* près Paris. En allant au supplice, ils affectoient une contenance ferme, et parloient en riant à la partie du *peuple* qui se trouvoit sur leur passage... « Oh ! vous avez beau faire, leur crièrent » plusieurs voix, nous ne vous confondrons pas avec les victimes coura- » geuses de *Robespierre* ; vous êtes des scélérats vous autres, et votre » joie ne prouve pas la pureté de vos cœurs. »

(9) Le secret de la doctrine contre-révolutionnaire de ces apôtres de l'anarchie n'est pas si clairement exprimé dans les feuilles dégoûtantes du *Père Duchêne*, qu'on ne soit tenté de recourir à d'autres sources pour en bien connoître le but politique. Tout le monde sait qu'il se tenoit à la commune des conciliabules clandestins, que *le maire Pache* n'honoroit pas souvent de sa présence, mais qu'il protégeoit de toute son influence ; on peut dire même qu'il étoit le bras invisible qui dirigeoit les ressorts cachés de la machine : Robespierre et les comités de gouvernement n'y étoient pas toujours épargnés, etc.

C'est dans cet antre que se concertoient les moyens de faire triompher la doctrine du parti, de tous les obstacles que la surveillance active de quelques amis des principes opposoit sans cesse à ce torrent dévastateur. Le mathématicien *Vandermonde*, dont les arts pleurent aujourd'hui la perte, intime ami de *Pache* et grand partisan des mesures *dites révolutionnaires*, étoit dans la confidence *de la prochaine fondation de cette brillante démocratie*, dont les frères associés portoient, pour se reconnoître entre eux, *un fer de pique* brodé au revers de l'habit. Vandermonde ne sortoit jamais sans avoir ce *talisman* sur lui. On jugera, par le léger apperçu que m'en a tracé dans la lettre suivante mon collègue *Porcher*, jusqu'où cette secte impure portoit ses prétentions exagérées. Une lettre de l'ex-représentant du peuple *Albitte*, adressée à la commune de Paris, et trouvée dans les papiers de *Robespierre*, etc. prouve qu'il n'étoit pas étranger à tout ce qui s'y passoit alors.

Paris, 18 germinal de l'an 4.

Porcher, représentant du peuple, à son collègue Courtois.

Occupé, mon cher collègue, à recueillir tout ce qui peut tendre à jeter quelque jour sur les projets plus ou moins insensés, plus ou moins funestes à la liberté publique, de l'horrible faction dont le 9 thermidor a creusé le tombeau, tu as paru desirer que je te rendisse compte de la conversation que j'eus, sur la fin de l'hiver de 1793, avec un homme dont les sciences regrettent en ce moment la perte, et dont les derniers instans, j'aime à le croire, ont été empoisonnés par la certitude d'avoir contribué, au moins par ses discours, à des excès qui ont flétri la révolution française, et imprimé dans le cœur de la majorité de la nation des souvenirs déchirans. Voici cette conversation que je n'ai point oubliée : n'ignorant pas les liaisons de celui qui me tenoit ce langage avec des hommes puissans, son discours se grava très-profondément dans ma tête, et je crois être à même de n'en pas altérer la plus légère expression.

Eh bien! mon cher V. . . . . , lui disois-je quelques jours après la nuit funeste du 10 mars, quel est donc votre but? quels sont vos projets? dans quel abîme voulez-vous précipiter le peuple que vous égarez? Si vos vues sont droites et honnêtes, pourquoi ne pas les communiquer à la majorité de la Convention? C'est la calomnier que de supposer qu'elle ne les accepteroit pas. Cela n'est pas faisable, me répondit-il : son propre intérêt l'éloigne de nous, et il seroit impossible de trouver, dans son sein, assez de partisans de notre opinion pour la faire triompher. Pauvre homme! ajouta-t-il, comment ne vous êtes-vous pas apperçu depuis bien long-temps que l'existence d'une Convention, d'une représentation nationale même, comme vous l'avez conçu jusqu'à ce jour, est la chose la plus ridicule et la moins soutenable de toutes celles qu'il est possible d'imaginer? L'assemblée constituante, ainsi que vous, avez été forcés de reconnoître deux vérités qui excluent à jamais de pareilles institutions.

La loi, avez-vous dit, *est l'expression de la volonté générale; la souveraineté du peuple ne se délègue point.*

Eh bien! si ces deux principes, ajouta-t-il, ne peuvent être révoqués en doute, il en résulte que nous n'avons plus besoin d'une représentation nationale établie dans les mêmes formes, et jouissant des mêmes pouvoirs que celles qui ont eu lieu jusqu'à présent; la puissance législative appartient essentiellement au peuple, et nous saurons la lui conserver.

Ah! ah! lui dis-je, quelle est donc cette nouvelle forme de gouvernement que vous prétendez introduire? Il me seroit difficile de concevoir comment, dans une république aussi vaste et avec une population aussi immense, vous pourriez parvenir à établir un genre de démocratie qui se soutiendroit à peine dans les Etats où la population et le territoire sont le moins étendus.

Cela, en effet, reprit-il, seroit très-difficile; mais quand il n'est pas permis d'atteindre à la perfection, il ne sera pas défendu sans doute de s'en rapprocher. La démocratie peut plus ou moins s'étendre, et il vaut mieux que la volonté du corps politique soit manifestée par sept cent mille hommes que de l'être par sept cents, dont les trois quarts sont au-dessous de leur mission.

Vous allez sans doute vous effaroucher de ma proposition, et vous allez croire que je blesse l'égalité qui doit régner entre les départemens et Paris. C'est une erreur ; car cette cité, sous le rapport que nous traitons ici, ne consiste point dans les matériaux amoncelés pour la bâtir, mais bien dans les élémens départementaires qui l'habitent. Rien en effet n'empêchera qu'à la fin de votre mission, en y fixant votre domicile, vous ne veniez participer à nos droits ; nous sommes, c'est toujours V. . . . . . . qui parle, copropriétaires de la souveraineté nationale avec nos frères des départemens, comme je pourrois l'être avec vous d'une simple maison dans celui de l'Indre qui vous a vu naître. Certes, si le feu prenoit à cette maison, il seroit aussi absurde que dangereux d'attendre mon arrivée pour l'éteindre. Il en est de même de la souveraineté nationale ; elle court des dangers dans la capitale (et ce n'est que là qu'elle peut souffrir des atteintes mortelles) : je vole à son secours ; je donne à la volonté du peuple l'expression et la forme qui lui conviennent ; tous les départemens doivent le trouver bon. Il seroit plaisant, d'ailleurs, que vous voulussiez assimiler leurs habitans à ceux de Paris : qu'ont de commun avec les Parisiens ces paysans qui composent la majorité de leur population ? Ils ne sont autre chose que la ligne de démarcation tracée entre l'homme et la bête. Nous avons, après tout, pour faire goûter et appuyer tout-à-la-fois notre projet, force, lumières, trésor, et le droit d'insurrection ; droit dévorant de tous ceux qui ne voudront pas marcher dans le seul sens que nous croyons propre à terminer la révolution et nous donner la liberté. Cette puissante conclusion rendoit tous renseignemens ultérieurs inutiles ; aussi je le quittai, en lui témoignant que, fatigué horriblement de la conversation que je venois d'avoir, j'allois m'en dédommager en me rendant au comité de législation, pour y rêver à quelques moyens moins durs de faire le bonheur de mon pays. Allez, ajouta-t-il alors avec vivacité, allez au comité de législation, à celui de constitution même, si vous voulez ; en définitif, une constitution et des lois ne sont qu'un morceau de papier ; nous avons des hommes et du fer, du fer et des hommes, et nous nous f...ns toujours de vous. Les 31 mai et 2 juin m'auroient donné le mot de l'énigme de cette dernière phrase, si j'en avois eu besoin ; l'ambition de Robespierre empêcha l'exécution du reste du projet. Tu sais en effet, mon cher collègue, par quels moyens il concentra dans le comité dont il étoit membre, et particulièrement dans sa personne, la volonté et l'action du gouvernement ; tu connois aussi, mieux qu'aucun autre, l'énormité des crimes qu'il fut forcé d'employer pour conserver l'autorité qu'il avoit usurpée.

Continue donc à buriner ces crimes avec cette chaleur et ce degré de vérité qui doivent faire reculer d'horreur ceux mêmes qui regrètent les temps où ils se commettoient ; mais ne quitte pas la plume qui aura flétri les anarchistes révolutionnaires, sans imprimer également le cachet de la scélératesse et de l'ignominie aux réacteurs royaux et à tous ceux qui n'ont fait servir l'immortelle journée du 10 thermidor qu'à satisfaire leurs vengeances personnelles. On ne peut trop rappeler à ces hommes qui n'ont arraché le poignard des mains des assassins que pour assassiner à leur tour, qu'ils ne recueilleront, tôt ou tard, quel que soit aujourd'hui le bandeau qui leur empêche d'appercevoir cette vérité, que le mépris de leurs concitoyens honnêtes, et l'exécration de la postérité.

Reçois avec amitié mes salutations fraternelles.

Signé, PORCHER.

(10) Il faut bien se garder de confondre ce *Jacques Roux*, membre de la commune de Paris, avec l'honnête *Roux*, membre du Conseil des Cinq-cents, qui n'a rien de commun avec cet anarchiste que la ressemblance du nom.

(11) On appeloit *queues* les rassemblemens qui se faisoient aux portes des boulangers, épiciers, en un mot de tous les marchands de comestibles. Ces *queues*, trop prolongées, inquiétoient le *dictateur* : il s'en formoit souvent, dont le cordon commençoit à la maison de la fruitière de l'Assomption, rue Honoré, et étendoit quelquefois ses derniers anneaux jusqu'en face de la maison du menuisier *Duplay*, où demeuroit le tyran. La maîtresse du logis, attentive à bannir de *l'ame* de son pensionnaire le plus léger nuage d'inquiétude, vint, un jour de grande foule, déposer chez la fruitière *un énorme pain de beurre*, en lui disant : « Voilà ce que » le citoyen *Robespierre* vous dit de distribuer au peuple ». Promesse fut faite en même temps d'en envoyer autant pendant le cours de la journée. Ce cadeau, qu'on vantoit avec affectation et complaisance, ne fut pas également bien reçu de tout le monde. « Cela lui est bien aisé, disoit » l'un; il pêche en eau trouble ». Un autre ajoutoit : « Il en faudra bien » comme ça pour me faire oublier qu'il a fait guillotiner mon cousin ». J'ignore si, depuis, ce grand moyen de popularité fut souvent employé.

(12) La tyrannie de Robespierre, de laquelle on ne séparoit pas alors celle exercée en particulier et en commun par les Collot, les Billaud, les Barère, les Vadier, etc. qui, sous le nom de décemvirs, avoient la réputation de marcher de concert au même but, excitoit, parmi les patriotes, un mécontentement prêt à éclater. Le temps des séances n'étoit souvent employé qu'à se communiquer réciproquement ce qu'on avoit à craindre, ce qu'on avoit à espérer des rixes fréquentes qui survenoient entre les tyrans.

A l'appui de ces assertions, je citerai le témoignage de Garnier (de l'Aube), qui fut appelé au comité de salut public peu de temps avant la chûte de Robespierre. On lui demande s'il a connoissance que beaucoup de députés, frappés de terreur, vont toutes les nuits hors des barrières chercher un asyle dans la maison de quelqu'ami; Garnier répond que c'est la vérité. Il ajoute « qu'une liste lue, disoit-on, en plein comité, » et sur laquelle étoient inscrits les noms de trente députés qu'on vouloit im-

» moler, étoit le sujet de l'alarme générale répandue dans l'assemblée ». Billaud, Collot, Barère, etc. nient d'abord effrontément le fait, en disant qu'il étoit horrible de leur supposer des intentions aussi perfides. Quant à Robespierre, le dépit lui arracha cette naïveté précieuse : « Je vous l'avois » bien dit, mes collègues, que vos commis vous trahissoient »....... Un moment après il ajoute avec une bonhommie affectée : « La liberté est » perdue si cela continue....... il faut absolument donner notre démis- » sion...... cette assemblée est si mauvaise, qu'elle finira par se perdre, » et nous avec elle. »

Quelle bonne découverte pour l'histoire, si Vadier vouloit nous dire les véritables motifs qui l'engagèrent à résister à la volonté du dictateur, dans cette séance où il demandoit si modestement ces trente têtes de députés ! Exécrable scélérat ! va, garde ton secret; il y a long-temps que mes collègues et moi nous l'avons deviné.

(13) *Norcia* ou *Nursia*, ville du duché de Spolette en Italie ; ses habitans n'obéissent à aucune loi *qu'ils n'aient faite eux-mêmes*. Une des plus singulières, c'est que tout homme qui sait lire ou écrire ne peut y posséder aucune charge ; les procès se décident par quatre juges non lettrés, *y quatri illiterati*. — Dict. de Bayle ; — Dict. de la Martinière. — Voilà bien le modèle de la république de nos *grands démocrates*. — Herbert, dans sa relation de la Perse, dit en parlant des habitans de l'ancienne Guinée : « *Ils ne veulent rien apprendre, soutenant qu'il n'y a rien de » plus plaisant que l'ignorance* ».

(14) Voyez *le projet de procès-verbal sur cette journée*, etc. rédigé par *Charles Duval*; ouvrage qui, malgré ses défauts, renferme des détails extrêmement précieux. On ne doit attribuer qu'à l'inexactitude de quelques faits le *rejet* qu'en a fait la Convention.

(15) Lisez dans le Moniteur les défenses de Billaud, Collot, Barère, etc.; consultez sur-tout l'ouvrage de Laurent Lecointre, qui ne doit avoir de succès qu'auprès de ceux qui chercheront la vérité de bonne foi. La postérité le vengera certainement du mépris qu'on a voulu imprimer à sa dénonciation : il ne lui a manqué, peut-être, pour réussir pleinement dans cette attaque, que de suivre les conseils de quelques amis désintéressés, qui avoient mieux jugé la chose que lui.

On sait comment fut accueilli son autre écrit sur une conspiration ourdie contre *Robespierre*, plus de deux mois avant sa chûte ; c'étoit à qui lui disputeroit, à la montagne, l'honneur d'avoir le premier cherché à venger la liberté des attentats du crime. *Lecointre* comptoit neuf députés qui s'étoient généreusement dévoués à ce saint œuvre ; la montagne en nommoit plus de trente. Enfin, un orateur se leva, et dit « que ce mérite appartenoit à la Convention toute entière » : peu s'en fallut même qu'on n'enlevât à *Tallien*, à *Barras*, à *Fréron*, la portion de gloire qui leur revenoit *de droit* pour avoir, le 9 *thermidor*, travaillé si efficacement à renverser ce colosse de puissance si funeste à la liberté. C'est bien ici le cas d'appliquer à leurs rivaux ce passage d'*Archiloque*, cité par *Plutarque* (vie de Galba) : « *Il y a sept hommes de morts que nous » avons poursuivis et atteints, et nous sommes plus de mille qui nous vantons » de les avoir tués.* »

A la vérité, les neuf députés cités par Lecointre n'étoient pas les seuls qui s'en fussent occupés. L'anecdote suivante prouvera et le courage de ses auteurs et l'envie qu'ils avoient de délivrer la France de l'oppression sous laquelle toutes les classes de citoyens gémissoient à cette époque.

Les membres qui composoient alors le comité de division de la Convention s'étoient réunis un soir dans leur local accoutumé. *Guay-Vernon* demanda, par motion d'ordre, qu'on levât la séance pour s'occuper d'une manière plus directe du salut de la République, et aviser aux moyens de renverser *Robespierre et sa tyrannie.* Animés du même esprit, tous les membres se lèvent aussitôt, et conviennent entre eux de ne point se séparer, sans avoir auparavant décidé qu'ils ne s'occuperoient d'aucune matière étrangère à ce grand objet, que la patrie ne fût sauvée, et chaque jour ils se rassembloient pour y travailler. Ces députés sont Mailly, Guay-Vernon, Laboissière, Basoche, Allafort, Deydier, Siblot.

(16) *Sénèque* disoit des Romains : « Ils auroient fait plutôt une vertu de » l'ivrognerie, que de convenir que *Caton* étoit un ivrogne ». *SEN. de la tranq. de l'ame*, chap. 15.

(17) De nos jours n'a-t-on pas vu *l'avocat Linguet*, dans ses *Révolutions de l'empire romain*, faire l'éloge du règne de *Tibère?* Il eût été curieux peut-être d'apprendre de lui, au moment de son arrestation, s'il étoit si agréable et si utile de vivre sous le régime de la tyrannie. Je ne fais pas cette réflexion pour insulter à son malheur ; puisqu'il fut persécuté, je dois oublier ses torts, pour faire remarquer, en passant, qu'il subit le sort commun de ces victimes connues sous le nom d'*hommes de lettres*, que les tyrans ont tant d'intérêt à immoler.

Voici ce qu'on trouve dans le *cahier* des arrestations faites par le comité révolutionnaire de Sèvres. Cette note est sous la date du 14 brumaire, an 2 de la République. « *Linguet, ancien avocat au parlement, et arrêté par » ordre du comité de sûreté générale de la Convention, a été conduit à la » Force* ». En marge est le prix qu'a coûté cette arrestation, « y compris » les observateurs, 400 liv. » — Il est bon de dire que le mémoire des frais d'arrestation monte en totalité à la somme de 6,720 liv., et qu'il n'est approuvé que d'un seul membre du comité de sûreté générale.

Vu et arrêté au comité de sûreté générale, le 15 brumaire, l'an 2 de la République, une et indivisible.

Signé, VADIER, *président*.

On prétend que la chûte de Linguet a eu pour cause une plaisanterie qu'il qu'il se permit sur Vadier pendant l'assemblée constituante, et qu'on lit dans un écrit du temps : la voici.

Guerrier trop leste à *Rosbac*,
Robin trop grave à *Pamiers*.

On demandera toujours pourquoi l'on n'a pas exécuté le décret du 12 germinal an 3, qui met fin, par une mesure politique de salut public, aux déchiremens qu'avoit occasionnés et que pouvoit entraîner encore la discussion sur quatre grands coupables ; ce décret déporte nommément Collot, Billaud, Barère et Vadier. Le décret d'amnistie du 4 germinal ne leur est point applicable, puisqu'il n'abolit que les décrets d'accusation ou d'arrestation, et les jugemens rendus pour des faits purement révolutionnaires, et le décret du 12 germinal ne contient ni accusation ni jugement.

(18) Voyez la dissertation sur la journée de la Saint-Barthelemi, par l'abbé *de Caveyrac*. — Quintilien a dit quelque part *qu'on jouiroit des avantages du siècle d'or, si l'on manquoit de crimes et d'orateurs pour les défendre.*

(19) Beaucoup de lettres m'ont été adressées par des citoyens qui figurent dans mon rapport, sur les papiers trouvés chez *Robespierre* et autres. Ils réclament contre le rôle qu'ils ont joué sous un régime dont ils étoient loin de partager, disent-ils, les funestes effets. A les en croire, il n'en est pas un seul d'entre eux qui n'ait été abusé ; enfin, ces lettres sont autant d'abjurations et du grand homme et de sa doctrine. Quel contraste frappant entre leur conduite d'alors, et la morgue insolente que quelques-uns ont affichée depuis ! Qu'ils cessent donc de s'agiter s'ils veulent que je respecte leur secret ! . . . Dans le moment actuel, j'aime encore mieux qu'on accuse mon silence de foiblesse, que d'alimenter la rage de leurs persécuteurs. Que de gens qui ne savent jamais pardonner à l'erreur, afin de tout sacrifier et à leurs passions et à leurs projets liberticides !

(20) Je désavoue d'avance les applications forcées que peut faire naître dans l'esprit de *gens à parti* ce mot *exclusifs* pour devenir ensuite le signal de leurs fureurs. L'épithète *terroriste*, prodiguée à d'excellens patriotes, étant devenue une arme dangereuse dans les mains des méchans, et par suite le prétexte des vengeances les plus atroces, je dois m'expliquer ici sans équivoque. J'entends donc par ce mot, *les exagérateurs de l'égalité dans le système de Marat*, les partisans forcenés de cette *démocratie* impraticable dans un état républicain quelconque, fût-il même aussi limité que celui de Saint-Marin ou de Raguse : mais comme ma maxime favorite, à moi, n'est pas qu'on égorge ceux qu'on ne peut pas convertir à son opinion, je le déclare ici avec franchise, que les apôtres de cette doctrine monstrueuse et subversible de tout ordre social reviennent de leurs erreurs, je suis prêt à me jeter dans leurs bras, et à marcher avec eux contre les ennemis de ma patrie. Voilà ma profession de foi.

(21) Cet amour exclusif de la patrie seroit peut-être pardonnable à l'homme qui en seroit dévoré, si, comme dans l'*Hercule* de la fable, il avoit la rivalité de la gloire pour objet. *Hercule* se fâche contre *Télamon* de ce qu'à la prise de *Troie* il est entré le premier dans la ville : jusque-là je vois le héros passionné pour la gloire : mais si le *héros* menace ensuite de tuer cet illustre compagnon d'armes, il perd de son prix à mes yeux, et le rôle à jouer par un concurrent habile n'est plus douteux. Ce rival doit donc, s'il est le plus foible, à l'exemple de *Télamon*, ramasser des pierres, lui en ériger un autel pour l'appaiser, ou, s'il est le plus fort, le lapider avec. — *APOLLOD. lib.* 2, *de deorum orig.* pour le fait historique seulement.

(22) Il semble, en vérité, que les pauvres *thermidoriens* soient faits pour être en butte *au feu de file* de tous les partis ; et royalistes, et modérés, et exclusifs, leur ont également déclaré une guerre à mort. Un de ces hommes qui, faute de pouvoir acquitter certaines dettes d'honneur, aiment mieux se brouiller avec leurs créanciers, disoit un jour en parlant des *thermidoriens* aux approches du 13 vendémiaire : « *Il suffit qu'ils aient* » *été de la montagne pour qu'ils y passent tous sans exception* ». — Un *panthéoniste* disoit de son côté, depuis cette époque, à un de mes amis : » Il faut convenir que les thermidoriens ont rendu de grands services à la » patrie...... *A la bonne heure ; mais le jour viendra où ils se souviendront qu'ils* » *n'ont pas toujours été fidèles à notre drapeau* » ; et cette dernière menace fut accompagnée d'un geste bien significatif dans son auteur, qui se mordoit le poing. Eh bien ! je répondrai encore, malgré leur petit nombre, que si les thermidoriens sont jamais forcés de faire retraite sous le canon de l'ennemi, ils la feront en bon ordre, dussent-ils se battre à la manière des *Parthes*.

(23) Les lois de *Dracon* étoient trop violentes pour qu'elles pussent subsister long-temps. *Si on eût tenu exactement la main à leur exécution, la loi auroit bientôt détruit plus de citoyens que n'auroient pu faire les fléaux du ciel ou l'épée de l'ennemi.* On fut donc obligé d'en adoucir la rigueur ; *et l'extrême sévérité de ces lois conduisit à un excès contraire, la licence et l'impunité.* Les factions et les divisions recommencèrent plus fortement que jamais ; on retomba dans les premiers troubles : la république se divisa en autant de partis qu'il y avoit de différentes sortes d'habitans dans l'Attique, etc. — Voyez l'excellent ouvrage de l'*Origine des lois, des arts et des sciences*, par *Goguet*, tom. 5, pag. 64.

(24) Je n'examinerai point si le mouvement des journées de *prairial* fut mi-parti royaliste ou mi-parti anarchiste. Je laisse cette question à décider à ceux qui, moins près que moi, peut-être, du lieu de la scène, mais doués d'une pénétration plus grande que la mienne, ont mieux

observé les *masques* : je ne parle ici que des seuls effets qu'elles ont produits. Soit que *l'anarchie*, en menaçant de tout engloutir, ait provoqué les mesures prises contre elle par la Convention, soit que le royalisme se soit servi de ce prétexte pour relever sa tête hideuse, et ait fait concourir à son but d'honnêtes citoyens, dupes des pièges tendus par ses agens, je n'en attendrai pas moins, dans le plus respectueux silence, le rayon de lumière qui doit éclairer cette trame infernale, dont les auteurs, de quelque côté qu'ils se trouvent, me sont également odieux.

Mon impartialité m'oblige à conserver à l'histoire deux anecdotes qui serviront, peut-être, de fil conducteur dans ce dédale de contradictions.

Le lieu des séances de la Convention étoit obstrué par une foule immense qui le remplissoit, ainsi que les salles voisines. Un député se présente à la porte pour sortir ; il en est soudain empêché par un homme à figure rébarbative, qui lui dit, en lui présentant sa pique : « Apprends » que j'ai le droit de m'y opposer ; je suis le souverain... tu ne sortiras » pas. » — Jugez de la surprise du représentant, lorsqu'après avoir fixé le personnage, il reconnoît en lui un des plus forcenés émigrés de son département.

Mon collègue *Legot* vous dira encore que, pendant la crise dont il faillit d'être la victime dans cette journée désastreuse, un des hommes les plus acharnés à demander sa tête et à lui asséner des coups qui n'arrivoient pas heureusement jusqu'à lui, étoit porteur d'une très-belle figure ; qu'il avoit les mains couvertes d'une superbe paire de gants de peau de daim ; qu'il étoit armé d'un sabre, dont la lame étoit très-fine et la peignée d'argent ; mais que le reste de son accoutrement ne ressembloit pas mal à celui d'un allumeur de lanternes.

Tire qui voudra la conséquence ; j'expose modestement ce que je sais.

(25) Encore un *thermidorien*, dont les mesures vigoureuses, et dirigées à propos, ont sauvé la patrie des fureurs des royalistes. Ici la correspondance étrangère, interceptée, est si claire, qu'à moins d'une insigne mauvaise foi, il est impossible de ne pas se ranger à l'opinion que c'étoit pour le compte des *rois* que se faisoit *l'insurrection*. Si l'on fait à *Barras* le plaisant reproche d'avoir dans cette journée, *contre le droit des gens*, employé les bras des prétendus *terroristes*, je répondrai d'abord qu'il est faux qu'il y eût un si grand nombre de ces hommes marqués du fer chaud de l'opinion publique, et qui sont ordinairement des lâches ; qu'il suffit d'ailleurs à un républicain qu'ils aient fait ce qu'on ne pouvoit attendre des antagonistes de la liberté, pour lui être chers à ce seul titre ; qu'un si généreux dévouement efface tout aux yeux de l'homme qui connoît la source de ces perfides imputations auxquelles leurs adversaires ne croient pas eux-mêmes. N'auroit-il pas fallu, pour leur plaire, que la Convention tendît humblement la gorge aux poignards de leurs sicaires, et les invitât, par cette insigne lâcheté, à consommer un ouvrage si bien commencé ? Non certes, et la saine politique réprouve une

telle conduite. Quand un ennemi plus fort est en présence, il est toujours prudent de raisonner dans le sens du proverbe espagnol : « Pourvu que » le miracle se fasse, il importe peu si Dieu le fait, ou le diable » ; ce qui équivaut à ce vers de Voltaire :

Qu'importe de quel bras Dieu daigne se servir ?
TRAG. DE ZAIRE.

Les royalistes, d'accord avec l'Angleterre, etc. ont agi, à l'égard de la Convention, par le moyen des sections de Paris, comme le roi de Perse, par l'avis de *Conon*, agit contre les Lacédémoniens. (Voyez Polyænus, lib. I *Stratag.* — Plutar. *in Artax.* — Xenoph., *Hist. græc.*, lib. III.) *Il persuada au roi de Perse d'envoyer de bonnes sommes d'argent aux orateurs grecs, afin qu'ils excitassent la guerre contre les Lacédémoniens. Les orateurs ainsi gagés excitèrent tellement le peuple, chacun dans sa ville, qu'il se forma une ligue formidable contre les Lacédémoniens.* Il n'est rien tel, pour ceux qui veulent faire commencer ou faire finir une guerre, que d'avoir à leur dévotion la langue des orateurs ou des *journalistes* ; aussi voit-on qu'ils ont eu grand soin de se ménager l'affection de ces gens-là. (Voyez le Dictionn. de Bayle, art. *Conon.*)

(26) Epithète *méritée* que s'est donnée à lui-même le juré *Antonelle.*

(27) Disons aux patriotes une triste vérité, c'est que pendant toute la révolution ils n'ont que trop imité l'exemple des Egyptiens : dans un temps de famine ceux-ci aimoient mieux se dévorer entre eux que d'immoler à leur appétit *les chiens et les chats.* Je laisse à ceux qui m'entendent, le soin de faire l'application.

(28) On seroit tenté d'admettre une sorte de fatalité qui préside aux destinées de quelques hommes, quand on voit deux colosses de la puissance et physique et morale de Danton et Lacroix *escamotés*, pour ainsi dire, par un embryon politique et lâche, nommé *Robespierre.* Il est vrai qu'il n'a rien moins fallu que le tour de *gibecière* de *Vadier* pour lever les difficultés qu'un reste de pudeur élevoit encore dans l'ame du juré, si toutefois il en avoit une. On n'a trouvé dans les papiers de Fouquier que la copie de la lettre écrite et signée de sa main, et adressée au comité de salut public, pour lui annoncer que les accusés en *appeloient au peuple entier.* Mais ce qu'on ne sait pas, et ce que Fouquier a avoué à son défenseur officieux, en lui montrant la réponse du comité, qu'il avoit eu la précaution de coudre lui-même entre la doublure et l'étoffe d'une veste qu'il ne quittoit jamais ; ce qu'on ne sait pas, dis-je, c'est que le comité avoit répondu *qu'il falloit traiter cet acte, de rebellion à la loi, et juger en conséquence.*

Le peintre *David* n'auroit-il point à se reprocher aussi d'avoir trempé ses mains dans le sang de l'innocent ? Ne seroit-ce pas lui, par hasard, qui auroit dit, le matin du jour de ce fameux jugement, à *Topinot Lebrun*, *Sambat* et *Trinchard*, jurés du tribunal révolutionnaire, qui lui avouoient franchement qu'il n'y avoit rien à la charge des accusés, et qu'il leur répugnoit de se prononcer contre des patriotes ? « Comment ! » vous êtes assez lâches pour reculer ? Vous êtes des modérés : est-ce » que l'opinion publique ne les a pas déja condamnés ? Si vous hésitez » encore, je cours vous dénoncer ». — Homme de sang ! tu l'as bien justifié, ce mot qui t'échappa, en présence de plusieurs artistes connus, « que si tu aimois le sang, c'est que la nature t'avoit fait naître pour » l'aimer ». Poursuis, ame atroce, poursuis tes projets homicides : vas, cours attendre, au coin du *café de la Régence*, la fatale charrette qui conduira au supplice tes anciens amis, *Camille-Desmoulins* et *Danton* ; jouis de leurs momens suprêmes ; trace, d'après leurs traits flétris par la douleur, les caricatures les plus indécentes, insulte encore à ce dernier en le désignant du doigt, et en criant de toutes tes forces : « Le » voilà le grand juge ! c'est ce scélérat qui est le grand juge » ! Ce souvenir déchirant m'a fait verser bien des larmes..... J'ai regretté plus d'une fois, comme homme sensible et aimant à retrouver la moralité du grand peintre dans les chefs-d'œuvre sortis de son pinceau, qu'avec un cœur aussi gangréné ce monstre ait déployé dans son art tant de talens..... Que je le plains de les posséder à ce prix !

(29) Consultez sur cet Italien la lettre de *Chevreau* à la *Ménardière*.

(30) Voltaire a dit : « Le jeune *Antinoüs* eut autrefois des prêtres ». N'y avoit-il pas, dans les premiers siècles de l'église, une secte de *caïnites*, ainsi nommée de *Caïn*, fils d'*Adam*, qu'elle avoit pris pour son patron ? *Tertullien* dit que l'exercice des crimes les plus horribles formoit la base de son abominable doctrine. *L'évangile de Judas* étoit son livre favori, comme chez nos exclusifs *les rapports de Robespierre*, particulièrement *le discours du 8 thermidor*. Il existe entre eux et leur modèle une différence qui m'a frappé, c'est que les premiers ne croyoient point à la *résurrection*, au lieu que ceux-ci croient fermement à la leur.

Le malheureux *Danton*, au rapport de *Riouff*, disoit dans sa prison que *Robespierre*, *Billaud*, *Collot*, *Barère*, *Vadier*, etc. etc., étoient tous des frères *Caïn*.

(31) Espèce de *juré* dévoué à *Néron*, comme *Antonelle* à *Robespierre*.

(32) *Mezerai*, dans son *Abrégé chronologique*.

(33) On peut appliquer à *Robespierre* ce que *Balzac* dit d'un personnage de son temps qui avoit joui d'une réputation usurpée : *Il n'étoit pas capa-* » *ble des courses que l'ame fait au-delà de ses devoirs communs.*

(34) Danton est peut-être le seul dans la révolution qui ait véritablement possédé ce secret. Qu'on se rappelle que l'avis qu'il ouvrit dans le conseil des ministres, lors de l'entrée du *roi de Prusse en Champagne*, sauva la France. Je parlerai de cette conception vraiment révolutionnaire, aux anecdotes. Il n'étoit réservé qu'aux plus lâches des tyrans de lui en faire le reproche, dans le rapport calomnieux et mensonger qui précéda sa chûte. — Consultez le rapport de Saint-Just, etc. — C'est l'*Ajax* des Grecs, que les Troyens ne peuvent entamer, parce qu'il est invulnérable, mais que, par l'avis de l'oracle, ils couvrent de boue et d'ordure.

(35) Le peuple est ici figuré par le *géant Briarée.*

(36) Interrogez, au sujet de *Mazaniello*, le *Voyage de Naples et de Sicile*, par *Saint-Non*, tome I, page 242 et suiv.

(37) Je renvoie aux pièces du rapport du 9 thermidor, pour connoître les détails précieux de la conduite que *Robespierre* tint à la commune : c'est là que la foiblesse et l'impuissance du *géant-nain* se manifestèrent dans tout leur jour. J'en appelle à l'impartialité de ceux qui liront les pièces du rapport, pour se convaincre de la fidélité du trait.

On ne va point au grand, si l'on n'est intrépide.

Un homme qui a vraiment déployé un caractère à la hauteur du rôle qu'il vouloit jouer, c'est *Payan* l'agent national, scélérat profond, à qui il n'a manqué, peut-être, pour réussir, que d'être mieux secondé. L'anecdote suivante prouvera s'il se connoissoit en mesures bien machiavéliques. Le décret de la mise hors la loi de tous les députés réfugiés à la commune, de tous les membres qui composoient ce conseil, etc., lui parvient à peine, qu'il le lit à haute voix, en présence du peuple qui remplissoit les tribunes. Lecture faite, il ajoute au texte du décret ces mots perfides : *Et le peuple qui est dans les tribunes.* Ces dernières expressions sont à peine entendues, qu'elles produisent un effet tout contraire à celui qu'il en attend. Le peuple, saisi d'épouvante, déserte les tribunes en un instant. Quoique cette scélératesse n'ait pas été couronnée du succès qu'il s'en promettoit, il n'en est pas moins vrai qu'elle est de nature à prouver qu'un homme ordinaire ne l'eût pas conçue.

Si *Robespierre* avoit été doué d'une véritable énergie révolutionnaire, il ne se seroit point amusé à perdre, en délibérations à la commune, le temps qu'il falloit employer à agir. Ses partisans, assez nombreux pour le seconder puissamment, auroient marché avec lui sur la Convention, qui n'avoit alors que son seul courage à opposer à tant de forces réunies, par la faute des comités de gouvernement, qui n'avoient (et j'en sais bien la raison) fait aucune disposition pour la garantir. Mais le *moi* de Médée ne vint jamais à son secours, et ce moment, décisif dans sa vie, ne prouva que trop qu'il étoit le plus lâche de tous les conspirateurs. J'en ai trop dit pour les justes appréciateurs de ses talens, et pas assez pour ceux qui, en dépit de toutes les autorités contraires, persisteront à le croire un grand homme. Telle est la marche naturelle de l'excessive crédulité ou de la mauvaise foi des meneurs : ils peuvent impunément, en sa faveur, débiter hardiment les paradoxes les plus étranges, pourvu qu'à l'ombre du personnage ils aient l'adresse de s'accommoder aux passions du temps. *Ils n'auront pas*, dit Bayle, *les rieurs de leur côté, mais ils auront des partisans qui valent bien des rieurs.*

(38) Robespierre s'apperçoit, le 9 thermidor, que le *vœu de la montagne* n'est pas pour lui ; il cherche aussitôt à tirer parti de la circonstance. Voy. au rapport du 9 thermidor, page 42, la note relative à l'apostrophe que Robespierre fait à la montagne. Ce qu'il appeloit *le marais* ne répondit à son appel que par le mépris le plus marqué, qui fut bientôt après suivi d'un décret d'arrestation.

C'est ici la place naturelle d'une anecdote qui peint assez bien *Vadier*. *Robespierre* cherchoit à se ménager quelques partisans dans le côté droit de l'assemblée, peu de temps avant sa chûte : Vadier s'en apperçoit ; il dit assez haut pour être entendu : *Si cela continue, je lui ferai guillotiner cent crapauds de son marais.........* L'absolution d'un pareil scélérat se supporte, en vérité, plus difficilement que ses crimes !

(39) On trouvera dans le rapport du 9 *thermidor* quelques traits de la physionomie morale de ce monstre.

(40) Il n'est pas ici question des personnes attachées au législateur des chrétiens, mais seulement d'une horde d'assassins et de brigands qui se signala dans Lyon par les plus horribles massacres. Sous le nom de *compagnie du Soleil*, le royalisme déploya à Marseille tout ce que la barbarie peut enfanter de plus monstrueux. Il semble que le midi, dans toutes les époques de notre histoire, soit destiné à nous offrir des exemples de cette férocité raffinée, beaucoup plus rare dans les pays septentrionaux. Théodore de Bèze raconte que, pendant les guerres de religion, ceux d'*Orange* mirent sur des radeaux les cadavres des catholiques tués à *Mornas*, avec cet écriteau : *Péagers d'Avignon, laissez passer ces bourreaux, ils ont payé à Mornas.* (Hist. de l'église, liv. XII, page 271.)

(41) Voyez le *Solini Polyhistor*, liv. I. — Le gouvernement doit, au milieu de toutes les autorités, ressembler à ces grands corps d'architecture dans lesquels l'ordre le plus stable sert d'appui à tous les autres.

(42) Il n'a manqué peut-être à la gloire du 9 *thermidor*, que de voir flétrir la mémoire des vrais conspirateurs par un monument public qui constatât leur infamie. A Rome, on rayoit des fastes le nom du crimi-

nel, et quelquefois on dressoit un autel à la vengeance. Dans la salle du grand conseil à Venise, où sont placés les portraits des doges, il y a une place vide avec cette inscription : *Locus Marini Faletri decapitati*. Cette méthode est très-bonne pour contenir les conspirateurs dans le devoir. La justice ni l'autorité publique, n'ont rien à ménager avec les traîtres à la patrie.

J'aurois aussi voulu que, par respect pour les principes, la Convention, après un mûr examen fait par une commission nommée *ad hoc*, eût distingué des vrais conspirateurs ceux des membres de la commune qui n'avoient signé que leur acte de présence, sans avoir pris aucune part active à la révolte; et qu'ensuite, par un décret, on les eût réhabilités, et qu'on eût restitué, aux familles de ces condamnés, les biens dont elles ont été dépouillées aussi illégalement. Je me serois bien volontiers imposé la tâche respectable de compulser tous les procès-verbaux qui sont entre mes mains, pour donner tous les renseignemens nécessaires.

Il est bon que les patriotes sachent que c'est *Amar*, *Vouland*, *Vadier*, etc., qui, sans aucun examen approfondi, ont traîné ces malheureuses victimes à l'échafaud. Et les amis de *Robespierre* marchent avec eux! Qu'ils apprennent donc que *Vadier*, poursuivi, a trouvé un asyle dans la maison de *Charigny* fils, dont il a égorgé le père le 11 *thermidor*.

(43) Un état chancelle, quand on en ménage les mécontens; il touche à sa ruine, quand la crainte les élève aux premières dignités. (Notes manuscrites en marge de l'exemplaire de Diderot sur Tacite.)

(44) C'est dans les groupes sur-tout qu'ils vont, comme des oiseaux de proie, aiguiser leurs serres et leurs becs; c'est dans les groupes que ces tigres affectent de s'appitoyer sur le sort d'un maître accoutumé à les nourrir de sang humain; c'est dans les groupes qu'ils parlent avec enthousiasme du régime révolutionnaire, ce gouvernement qui n'est jamais redoutable qu'à ceux qui n'en partagent pas les fureurs.

www.ingramcontent.com/pod-product-compliance
Lightning Source LLC
LaVergne TN
LVHW020244230826
846091LV00006B/2227

* 9 7 8 2 0 1 2 8 7 1 9 1 5 *